Emile Verhaeren

Le Cloître

À mon ami Émile Van Mons

Personnages

DOM BALTHAZAR.
DOM MARC.
LE PRIEUR.
PÈRE THOMAS.
DOM MILITIEN.
IDESBALD.
THÉODULE.
DES MOINES ; – DES FIDÈLES.

Acte premier

Jardin de couvent : parterres réguliers, buis, tonnelles, cadran solaire ; à droite, à l'avant-plan, calvaire ; à gauche, entrée romane de la chapelle ; au fond, des moines jouent aux boules, travaillent à des filets de pêche, rajustent des instruments de jardinage. Assis en cercle, sur un large banc de bois, quelques-uns s'entretiennent.

THOMAS

Je vous disais donc : Dieu ne peut être le mal ; or, la crainte ayant pour objet le mal, pourquoi se fait-il qu'on enseigne : « La crainte de Dieu est le commencement de la sagesse ? »

DOM BALTHAZAR

Vous raisonnez trop.

THOMAS

La chose importe. Si l'on tranche mal la question, toute la vie chrétienne est faussée.

DOM BALTHAZAR

Vous raisonnez trop, vous dis-je.

DOM MARC

Il ne faut pas craindre Dieu, il faut l'aimer.

THOMAS

Vous parlez comme Basilide, l'hérésiarque.

DOM MARC

Comme Basilide, moi ?

THOMAS

Basilide dit textuellement ce que vous affirmez.

2

DOM MARC

Saint Augustin le dit aussi.

DOM MILITIEN

Dom Marc à raison, saint Augustin dit textuellement : « Aime et fais ce que veux. »

THOMAS

Oh ! cela n'est pas la même chose. Saint Augustin réserve la crainte. Il faut varier son adoration, il faut être à la fois et craintif et tremblant et plein de ferveur…

DOM BALTHAZAR *impatient.*

Vous raisonnez trop… vous raisonnez trop…

THOMAS *à dom Balthazar.*

Vous ne distinguez pas toute l'infinie diversité de la nature et de la personnalité divines, mon frère.

DOM BALTHAZAR *brusquement.*

Moi, j'ai la passion, j'ai la rage de Dieu,
Je ne comprends que ceux
Qui le proclament,
Presque avec fureur, comme si leur âme
Folle n'avait trouvé, pour le louer, qu'un cri,
Qu'un seul, toujours le même,
Mais clair, mais pur, mais fort comme un baptême
Une pause.

Dieu ne demande point d'être décrit,
Pesé et consigné dans des livres superbes
Et solennels comme l'orgueil.

THOMAS

Ta foi est simple ainsi que l'herbe,
Ta foi dans les temples de Dieu s'arrête au seuil ;
Mais au temps de pensée, où tous nous sommes,
Il faut discuter Dieu, pour lui gagner les hommes.

DOM BALTHAZAR *violent.*

Il est d'autant plus Dieu qu'on ne le comprend pas
C'est quand la foi, c'est quand l'amour sont las
De porter Christ, sanglant et nu, devant le monde,
Qu'on perd son heure à l'expliquer, par de profondes
Et complexes et futiles raisons.
Or, il se rit de ces combinaisons
De malice et d'orgueil où l'on s'exerce.
Il ne veut pas de ce banal commerce
De textes et de mots où l'on cote son nom,
Suivant qu'on argumente adroitement ou non.
Il est plus haut que l'humaine sagesse,
Il est trop vaste ou trop géant ou trop profond,
Pour qu'on en fixe ou la hauteur ou bien le fond ;
Et c'est uniquement dans une ivresse
Violente d'amour, de sacrifice et de ferveur,
Qu'un Saint est quelquefois monté jusqu'à son cœur.

DOM MILITIEN

Voilà la vérité !

DOM MARC *plein d'effusion, allant vers dom Balthazar.*

Oh, mon frère ! mon frère !

THOMAS *comme surpris.*

Nous méritons vraiment qu'on nous bafoue, qu'on nous renie.
*S'adressant aux autres moines, qui interrompent leurs jeux et qui
écoutent sans prendre parti.*

Et nous en sommes là depuis Bonaventure et saint Thomas d'Aquin !
S'adressant à dom Marc et à dom Militien.

C'étaient pourtant des Saints aussi hauts que les vôtres,
Ceux-là ! c'étaient des fronts et des cerveaux d'apôtres,
Sereins et flamboyants comme un glaive de Dieu ;
Leur cœur dans leur pensée avait saisi le feu
Torride et pur, dont s'enflamment les âmes ;
Leur croyance prenait leur raison d'or pour trame ;

4

Elle y brodait les grands lys blancs,
Des doctrines sûres et fières
Laissant aux cœurs sans force et sans vertu l'élan
Des prières coutumières.

Prenant directement à partie dom Balthazar.

C'étaient des Saints et des savants, ceux-là,
Et des héros, tandis que vous…

DOM BALTHAZAR *troublé.*

Il ne faut pas
Me regarder quand vous parlez d'hommes sublimes.

DOM MILITIEN

Notre âge a fait tomber de ses plus hautes cimes
Toute grandeur. Il a nié le sens ardent
Qu'on attachait, jadis, chez nous, en occident,
À l'héroïsme vierge et la beauté chrétienne ;
La science s'en vint nous chanter son antienne,
Quand s'abaissait, le soir, sur nos grèves, la foi ;
Mais la science est à son tour montrée au doigt,
Qui tue et qui supprime : elle est déjà niée
Par ceux qui la rêvaient claire et harmoniée
Et belle au point de commenter tout l'univers !
Tel livre aujourd'hui vrai, abat le livre d'hier,
Tout système est chargé d'un système contraire
Qui l'écrase. L'hypothèse surnuméraire
Se prodigue partout, mais ne définit rien ;
Il n'y a plus ni vrai, ni faux, ni mal, ni bien,
La science est à bout de vie… et se dévore.

THOMAS

Il n'est pas vrai, tout le futur lui reste encore !

DOM MILITIEN

Il faut que l'on revienne à la simplicité
Et à l'enfance. Il faut l'amour et la bonté
Et l'ignorance. Et, parmi nous, le seul qui vive

Ainsi, d'accord avec la renaissance vive
De demain, c'est dom Marc.

DOM BALTHAZAR

C'est le plus haut de nous !

DOM MARC *confus.*

Moi ! Moi ! Moi ! Balthazar ? mais je suis, de vous tous,
Le moindre et le plus nul.

DOM BALTHAZAR

Enfant, François d'Assise
Était pareil : son nom embaume et fleurdelise
Toute l'église. Oh ! certes, auprès de toi, je sens
Combien le péché noir a corrompu mon sang ;
Mais je te sais la pureté de notre temple ;
Tu es l'extase et la candeur ; tu es l'exemple
Et le foyer d'amour. Si nous étions encore
Les moines embrasés des moyens-âges d'or,
Nous baiserions le bord de ta robe de bure,
Nous bénirions tes mains calmes qui transfigurent…

DOM MARC *très ému.*

Balthazar ! Balthazar ! mon frère Balthazar !

DOM BALTHAZAR *violent.*

Je ne suis rien qu'un feu d'orage et de hasard ;
Je ne suis rien qu'un flambeau fou dans la tempête,
Lorsque je songe à la clarté fixe et secrète
Que ton esprit, sans même le savoir, répand !
Je veux que mon orgueil soit vain et soit rampant,
Quand tu parais ; je veux humilier mon être,
Mon front, mon cœur, ma chair, mon corps ; je veux les mettre
Ici même, sous tes pieds clairs, dans la poussière.

Il tombe à genoux comme égaré.

DOM MARC *voulant le relever.*

Mon pauvre frère Balthazar !…

6

DOM BALTHAZAR

Laisse ; le fard
De ma fausse grandeur doit tomber dans la boue ;
Le-péché, sur sa honte et sa terreur, me cloue,
Et mon âme mourrait si tu n'avais pitié.

DOM MARC

Balthazar ! Balthazar ! Au nom de l'amitié
Qui nous unit, relève-toi et me regarde ;
Ne suis-je pas ton simple élève, et toi, ma garde ?

DOM BALTHAZAR *se relevant.*

Je voulais qu'on me vît humble et nul devant toi.

DOM MILITIEN

L'exemple est haut et digne et sa franchise accroît
Notre ferveur pour ta force droite, mon frère.

DOM BALTHAZAR *à dom Militien.*

Il faut avoir pitié de moi.

DOM MILITIEN

Notre prière…

DOM BALTHAZAR *à tous.*

Il faut avoir immensément pitié de moi…

Il s'éloigne, les moines restent interdits. Bientôt dom Militien et dom Marc vont le rejoindre sous la tonnelle. Ils disparaissent.

THOMAS *aux moines qui restent occupés chacun de leur travail.*

Est-ce étrange ? Brusquement, comme en coup de vent, en venir à ces excès ! on parle, on argumente, on prouve, et cet étonnant Balthazar rompt tous liens et provoque une sorte de scandale à rebours.

IDESBALD

Il est autoritaire et arrogant. Il est impétueux et sauvage. On le croit au-dessus de nous tous, et le voici plus humble, plus simple et plus bas que le moindre des frères convers.
Personne ne voit clair en lui.

THOMAS

Tu crois ?…

IDESBALD

Il importe à la sécurité de ce cloître que jamais ce moine n'en devienne le chef.

THOMAS

Qui l'en empêcherait ?

IDESBALD *vivement.*

J'en appelle à tous nos moines ?

THOMAS *railleur.*

Oh ! ils ne sont pas de sa force ni ne sa taille. En sa présence, ils se tiennent cois comme des vaincus.

UN MOINE

C'est que l'heure d'agir n'est point venue.

THOMAS

Mais elle sonne depuis qu'il est ici ! Notre prieur soutient Balthazar parce qu'il est duc et comte comme lui, comme Dom Marc, comme Dom Militien. Il le pousse à notre tête avec ses mains séniles. Voici dix ans que je le vois, que je lutte, que je travaille. Je voudrais qu'aujourd'hui tous vous m'aidiez, et vous restez immobiles.

UN MOINE

Jamais nous n'accepterons Balthazar.

THOMAS

Alors défendez-vous. Quelque chose me dit que les actes vont compter…

IDESBALD

Jamais Rome ne nous l'imposera.

THOMAS

Dom Balthazar est de lignée illustre ;
Son nom donne à sa vertu haute son lustre,
Il a des répondants et des aïeux,

Jadis, l'un d'eux
Qui s'en revint
Hérissé d'or et de pillage
Vers son village,
Dota, de tout son bien,
Ce cloître, où la grandeur du Christ est exaltée.

UN MOINE

C'est une ancienne histoire.

THOMAS

Il suffit qu'on la croie vraie.

IDESBALD *rêveur.*

Comme nous sommes encore, nous autres, les clercs de la roture !
Balthazar… Comte d'Argonne et duc de Rispaire…

THOMAS

Certes, parmi nous tous,
Le moins armé de prévoyance
Et de vivante et de batailleuse science,
C'est lui ! Jamais il n'aperçoit les éclairs fous
Qui balafrent, là-bas, au-delà des murailles
De ce cloître, les vastes cieux tonnants.
Il n'entend rien de la bondissante bataille,
Où Dieu même semble inquiet et frissonnant ;
Nos quatre murs cernent pour lui le monde,
Alors que l'univers entier est aujourd'hui
Si rugissant, sous les soleils ou sous les nuits,
Que pour n'en point ouïr la révolte profonde
Il faut être de roc ou bien n'exister pas !…
Vivre comme jadis, en un rêve ascétique
Et maintenir ce rêve intact et despotique,
Contre nous tous, voilà ses plus graves combats.
Il est de trois cents ans venu trop tard sur terre,
Un fanatisme ardent sèche son âme austère ;
Il ne sait rien, hors nos textes sacramentels,
Mais il sera prieur, puisqu'il s'affirme tel.

UN MOINE

C'est vous qui devez l'être.

THOMAS

Cela dépend de vous. Vous êtes la force nouvelle, celle qu'on ignore encore et qui doit éclater. Avertissez le pape, adressez-vous à Rome.

IDESBALD *avec hésitation.*

Il faut qu'on vous nomme.

THOMAS *regardant Idesbald fixement.*

Et vous ?… vous ?

IDESBALD *feignant l'indifférence.*

Oh moi !… moi !

THOMAS *avec fermeté.*

Rome seul décide. L'évêque m'est favorable. Il déteste notre prieur. Il agira hors du cloître, prudemment, sans rien violenter, comme il convient. Mais, pour Dieu, vous autres, remuez-vous !

UN MOINE

Vous nous direz ce qu'il faut faire.

THOMAS

Devinez-le ; vos paroles, votre attitude, les vœux que vous exprimez, ceux que vous taisez, mais qu'on présume, vos démarches, vos lettres, tout doit combattre Balthazar. Il faut le perdre dans l'esprit du prieur. Il faut l'ébranler à ses propres yeux, pour qu'il doute de lui-même. Que sais-je ? C'est vous-mêmes qui devez savoir…

IDESBALD

Jamais, autant qu'aujourd'hui, Balthazar n'apparut dangereux.

THOMAS *à Idesbald.*

Il traverse une crise de conscience.

THÉODULE *aux moines.*

Chacun de nous priera pour lui.

THOMAS *à Théodule.*

Vous prierez pour lui quand ce cloître sera sauvé.

THÉODULE

Dom Balthazar demeure notre exemple.

THOMAS

L'esprit de Dieu ressuscite de siècle en siècle, comme jadis son corps. À chaque métamorphose, de nouveaux témoins de sa gloire se lèvent. Nous les sommes aujourd'hui.

THÉODULE

Et le prieur ? et Dom Marc ? et Dom Militien ?

THOMAS

Vous ne comprenez rien à ce que tous, ici, nous voulons ensemble. Vous êtes le rameau maigre de cet arbre de vie que Dieu planta jadis et cultive en ce monastère.

THÉODULE

Notre devoir est d'obéir.

THOMAS

Nous sommes le nombre et le savoir et la vertu. Vous verrez clair un jour.

IDESBALD

Laissez-nous faire.

UN MOINE

Vous substituez votre ambition à une autre.

UN AUTRE MOINE *à IDESBALD et à THOMAS.*

C'est Balthazar qui vous tient unis contre lui ; vous vous disputeriez sa place, s'il tombait.

THOMAS *aux moines.*

Nous voulons vous arracher aux anciens jougs, vous réveiller et vous grandir. Ne soyez pas vos propres ennemis.

Un silence se fait à voir le prieur s'avancer.

11

IDESBALD *à mi-voix.*

Laissez-nous faire… Laissez-nous faire…

Le vieux prieur, appuyé sur sa canne, s'approche lentement.
Thomas se dirige vivement vers lui. Les autres moines s'éloignent
peu à peu et finissent par disparaître.

THOMAS *au prieur.*

J'ai achevé, mon Père, mes commentaires sur Tertullien. Puis-je les
envoyer à notre Seigneur l'Évêque et demander l'« approbateur » ?

LE PRIEUR

Monseigneur a grand espoir en vous. Il vous admire, père Thomas.

THOMAS

Monseigneur est indulgent.

LE PRIEUR

Et moi, croyez-vous donc que je ne vous rende point hommage.

THOMAS

J'ai mis mon livre entier sous votre patronage.

LE PRIEUR

Vous êtes un porteur de torches devant Dieu.
Vous perforez de grands chemins de feu
L'infini d'ombre ;
Notre siècle, sans vous et vos pareils,
Irait buter parmi les trous et les décombres.
Il faut des savants purs, des fronts vermeils
Pour, humblement, servir la doctrine éternelle,
Autant qu'il faut, pour les guider
Et fermement les commander,
Des hommes forts dont la race fut solennelle
Et largement dominatrice, au cours des temps.

THOMAS

Malgré tout mon respect, j'ose croire pourtant
Que ceux dont les cerveaux sont grands par la science

12

Peuvent imposer à d'autres qu'eux l'obéissance
Et qu'ils savent, à leur tour…

LE PRIEUR

Tous ceux qui connaissent les hommes pensent
Et ont pensé jusqu'à ce jour, toujours,
Non comme toi, mais comme moi,
Le Maître ici, je pense et j'ordonne qu'on pense. *un repos.*
Écoutez-moi ; tant qu'il existera sur terre
Des familles depuis des siècles volontaires
Et superbes, votre espoir sera vain.
La force vraie et profonde, la force
Sûre, s'est à tel point affermie en leurs mains
Et dressée en leur torse
Que vivre est, pour elles, régner.
À moins que cette force immense et provignée
Ne soit détruite ou dédaignée
Par ceux mêmes qui la détiennent,
Et qu'ils ne se perdent ou ne s'abstiennent,
Jamais aucun de vous contre eux ne prévaudra.
C'est dans l'ordre et c'est dans la nature, cela,
Et vous aurez l'esprit de le comprendre.

DOM BALTHAZAR *survenant.*

Mon père, je voudrais vous parler… seul à seul…

LE PRIEUR *au Père THOMAS.*

Laissez-nous.
Thomas s'éloigne, puis hésite. Le prieur le regarde. Il disparaît.

DOM BALTHAZAR *au PRIEUR.*

Hier au confessionnal, quelqu'un m'a dit : « Voici cinq mois que le père Nol Harding fut tué. On accusa son fils ; on l'arrêta. On l'a jugé et condamné. Or, il est innocent, je l'affirme, et c'est moi, l'assassin. » Sans réfléchir, n'écoutant que la voix profonde de mon âme, j'ai enjoint à cet homme d'aller, au sortir de mon confessionnal, s'avouer coupable. Il me disait : « Tout, m'excuse ; le père Harding fit mourir mon père ; il l'empoisonna. »

13

J'ai presque chassé de devant moi, cet homme, pour qu'il allât se livrer
au plus vite.
Et maintenant comprenez-vous, mon Père ?

LE PRIEUR
Vous avez fait ce qu'il fallait faire.

DOM BALTHAZAR
Et moi ? moi ? qui, voici dix ans, tuai mon père, moi que vous avez
accueilli, ici, auprès de vous, sans me rien dire…

LE PRIEUR
Cet homme a-t-il voulu, ainsi que vous,
Entrer au cloître et fervemment, à deux genoux,
Battre de sa prière incessante la porte
Des paradis fermés ?

DOM BALTHAZAR
Qu'importe !
C'est depuis hier que je vois clair à coups d'éclairs
En moi-même…

LE PRIEUR
Mais votre crime est effacé,
Je l'ai absous et Rome aussi ;
Depuis dix ans que vous vivez ici,
Il est oubli, il est poussière.
Comte d'Argonne et duc de Rispaire,
Vous paraîtrez indemne et exaucé
À votre heure dernière, devant Dieu.

DOM BALTHAZAR
Je veux crier mon crime devant tous…
Je me sens pris et emporté par ses remous
Plus loin que ne s'étend ma volonté tenace ;
Je veux crier mon crime et mériter ma grâce…

LE PRIEUR
Mon fils…

14

DOM BALTHAZAR

Toute la nuit je me suis épuisé,
Violemment, à l'endiguer, à le briser ;
Je ne l'ai pu. Comme des flots sauvages
Il jaillissait vers moi avec toute sa rage…
Mes yeux n'étaient pas assez grands
Pour regarder couler la vie et tout le sang
Sur la poitrine inerte
De mon père. La blessure semblait ouverte
Plus largement qu'au moment de sa mort,
Et fermentait, et grandissait encore
À mesure que mes yeux fous la regardaient
Couler, couler toujours, couler sans trêve.

LE PRIEUR

Un rêve !

DOM BALTHAZAR

C'était du sang, du sang fumant et vrai,
J'en suis souillé et je le reconnais.
Je suis rouge de ce sang-là jusque dans l'âme ;
Il me pénètre, il me brûle, comme une flamme
Qui s'exalte en mon torse et se glisse en ma chair.
J'en respire l'odeur sur moi. Le vent et l'air
Et la lumière, autour de moi, sont rouges.
J'ai peur de ce qui luit soudain, de ce qui bouge.
J'ai peur de tout. Le moindre bruit
Fixe un arrêt, dans ma pensée et ma prière,
Et l'effrayant silence est un étau qui serre,
Entre ses fers muets, mon cœur pendant la nuit.

LE PRIEUR

Votre cerveau, mon fils, s'égare et s'hallucine.
Ce n'est plus Dieu, mais c'est Satan
Qui vous ravage et vous domine
Dom Balthazar, le piège qu'il vous tend,
Il le tendit jadis, aux plus fervents des moines,

À ceux des temps païens à peine exorcisés,
À ceux du désert pâle et des rocs convulsés,
Aux Paul et aux Antoine.
Votre esprit brûle et votre âme est en feu,
Vos pas hagards abandonnent nos cimes ;
Et vous ne songez pas que le plus grand des crimes
Est de douter et de désespérer de Dieu.

DOM BALTHAZAR

Mon père !

LE PRIEUR

                        Il faut renaître à la sagesse sûre,
Il faut réinstaller le calme et la mesure
En vous ; il faut broyer votre fureur ; il faut
Couper dès aujourd'hui, à coups de faulx,
Ce tas de blés mauvais, où la honte chardonne.

DOM BALTHAZAR

Je ne pourrai jamais ! Jamais !

LE PRIEUR

                              Je vous l'ordonne.
D'un ton radouci, après un repos.

Mon fils, voici dix ans déjà que, parmi nous,
Tu vis, aimant le jeûne exsangue et le courroux
Du cilice secret et le cuisant cautère
De cette mort quotidienne et volontaire,
Que nous vivons, pour mériter le ciel, un jour !
Le Christ se réjouit de toi. Son âpre amour
Baise le sang caillé des sublimes blessures
Que tu te fais pour sa gloire. Tes flétrissures
Lui sont belles et les anges chantent là-haut,
L'excès de tes ardeurs et de tes pénitences.
Or, tu ne peux pas, toi, voler cette existence
À Dieu dont tu restes le prêtre et le héraut.
Tu ne peux point biffer, par ta rouge folie,

16

L'œuvre de ton devoir non encore accomplie,
Tu ne peux point jeter entre le Christ et toi
Ta justice, pour en faire la loi.

DOM BALTHAZAR *torturé.*

Mon père !

Mon père !

LE PRIEUR
Écoute encore.

DOM BALTHAZAR

Oh ! mon père !

LE PRIEUR

La voie
Du doux pardon doit rester celle de ton choix.
Ton avancée y fut si simplement sublime
Que Dieu lui-même accepte, à cette heure, ton crime
Et qu'il l'aime, parce que, grâce à lui, tu fus.
L'être choisi pour les rémissions suprêmes.
Nuire à un tel projet divin, par le refus
De te soumettre encore au silence absolu,
Serait, mon fils, outrager Dieu, jusqu'au blasphème.
Le Christ vit pour la justice, mais il est mort
Pour le pardon, et la mort est plus haute…

DOM BALTHAZAR

Mon père !

LE PRIEUR

Et puis, songe un instant, au tort
Soudain que nous ferait, à tous, ta faute
Jetée aux négateurs, comme à des chiens ;
Songe au rouge appareil de la vengeance humaine,
Inutile pour toi, qui ne lui dois plus rien ;
Mon fils, songe à moi-même aussi, songe au domaine
D'autorité dont tu seras le chef fervent

17

Après ma mort. Tu es de race impérieuse,
Tu es l'élu, tu dois tes jours à ce couvent ;
Dieu sait ce qu'il a fait, jadis en t'amenant
Ici, loin de ta vie étrange et orageuse,
L'esprit humble, mais le cœur haut et fier encore.

DOM BALTHAZAR

J'ai tant besoin de la pitié, mon père !

LE PRIEUR

Non pas ! tu dois te relever, d'un large essor,
Et resurgir, moisson neuve, de ta jachère ;
Repens-toi parmi nous, tant que tu veux,
Pour que le repentir te soit un nouveau titre
Au prestige religieux.

DOM BALTHAZAR

Si je pouvais, tout à l'heure, au chapitre,
Me confesser une suprême fois !

LE PRIEUR

Selon l'usage ancien, tu as ce droit,
Tu peux le prendre et t'en faire une armure.
Entre moines, tout est permis, dès que tu crois
Pouvoir te ressaisir…

DOM BALTHAZAR

Oh ! j'en suis sûr !
J'arracherai publiquement, devant mes frères,
Du fond de mon cerveau, le mal rouge et griffu,
Je le noierai dans les eaux d'or de leurs prières,
J'irai vers eux, fervent, soumis, heureux, confus,
Le cœur fleuri de ma douleur et de ma crainte.
Je laverai ma force en leurs conseils sans feinte,
Je les prierai de prendre en main mon espoir las,
Mon doute et ma terreur, ma rage et ma misère.
Je dirai tout et vous m'assisterez, mon Père…

LE PRIEUR

Sois sans crainte, je serai là, je serai là.
Il sort, dom Balthazar court vers dom Marc, qui, de loin, depuis
un instant, les regardait.

DOM BALTHAZAR

Mon frère Marc, sais-tu que je m'en vais renaître,
Qu'un nouveau jour va dissiper ma nuit
Que je serai, bientôt, comme autrefois, celui
Que tu aimas…

DOM MARC

                Tu n'as jamais cessé de l'être,
Tu n'as jamais démérité de nous…

DOM BALTHAZAR *devenant sombre de nouveau.*

                        Tais-toi,
J'ai la honte de vivre encore et de te croire.

DOM MARC

Quoi que tu fis, moi, j'ai si grande foi
En ta vertu profonde et si longtemps notoire…

DOM BALTHAZAR

Tais-toi ! Tais-toi ! ne me dis rien, avant
Que je sois pur !

DOM MARC

Mon pauvre frère et maître,
Que suis-je, hélas ! sinon un simple enfant ;
Mais tout mon être
Vole vers ton malheur et ton tourment,
Dont j'ignore la cause,
Pour qu'en mon cœur tu les déposes
Je ne suis rien, mais j'ai deux mains,
Pour les joindre ; j'ai deux genoux,
Pour les plier et les user, devant les saints ;

19

J'ai toute mon âme, qui te proclame
L'ensemencer d'amour de mon cœur fou.
Ma voix et son ardeur pour toi jamais ne chôment.
Je t'aime autant que Dieu peut le permettre aux hommes ;
Je veux, pour moi, ton mal ; je veux ta croix
Je veux que ta douleur pénètre en moi,
Avec toutes ses dents de violence,
Je veux, à travers moi, les coups de lance
Qui t'assaillent et te perforent, toi !

DOM BALTHAZAR

Enfant !

DOM MARC

Je crois sentir je ne sais quel mystère
Autour de toi ; les plus parfaits d'entre nous tous
Manquent parfois à nos règles austères,
Mais ta faute fût-elle éclatante, les coups
De tout l'enfer ne pourront faire
Que je ne t'aime encore plus fervemment
Regarde-moi : mes yeux sont pleins de ton ardeur
Et de ta volonté ; tu es l'aimant
Qui soulève, vers le ciel d'or et le bonheur,
Immensément mon cœur ;
Tu es la joie inassouvie
Qui incendie et consume ma vie ;
Après le Christ, je ne sais rien
Qui, plus que toi, me soit l'évidence du bien.
Frère, tu es marqué pour les actions grandes ;
Resurgis donc de ta tristesse et m'apparais
Comme autrefois, vainqueur, ô toi, qui n'es jamais
Plus beau ni plus puissant que lorsque tu commandes.

DOM BALTHAZAR

Ô doux être naïf et spontané !
Comme je t'aime et te chéris quand même,
Malgré ma peine et mes remords débâillonnés !

J'appris par toi la confiance nue,
La bonté simple et l'affolement tendre ;
Les voix les plus saintes, tu me les fis entendre,
Je les cueillis sur ta bouche ingénue
Et j'y joignis la mienne, âpre et passionnée ;
Tu me changeas un peu mon âme hallucinée,
Si bien qu'à tout ce que l'instinct te chante
Au cœur, je crois. Je crois que tu devines,
Sans te tromper jamais, l'intention divine ;
Je te sais pur de toute ardeur méchante,
Je te sais clair, de devoir strict, de piété grande
Et chaste, et vierge, et beau comme une offrande…

DOM MARC *avec exaltation.*

Balthazar !… Balthazar !

DOM BALTHAZAR

Âme fragile !
Si je n'eusse eu la peur de fendiller l'argile,
De ta si fraîche et timide innocence,
J'aurais jeté vers toi ma rouge conscience,
Je t'aurais dit ce que je vais crier à tous :
Ma honte – et mon péché terrible, absous,
Certes, depuis longtemps, mais qui renaît,
Mais qui surgit, ongles ouverts,
Regards sanglants, de mon passé mauvais
Et qui revient rôder et rugir dans ma chair !

DOM MARC

Ne me dis rien, j'ai peur, je ne veux pas
Que devant moi, tout seul, ici tu t'humilies.

DOM BALTHAZAR

Tu m'entendras me confesser, après compiles,
Là-haut : Tu me diras ce qu'il me reste à faire
Pour m'affranchir du mal tumultuaire
Et pour n'y plus penser jamais.

DOM MARC

Toute mon âme
Se fera flamme
Pour veiller ta douleur ;
Tout mon amour entourera ton cœur
Comme des linges clairs pour en sécher les larmes ;
J'ai dans mes mains les plus saintes des armes,
Le jeûne ardent, la prière éperdue
Qui lutteront, pour que la paix te soit rendue ;
Si la Vierge, dans l'extase embrasée,
Désire encore, comme autrefois, pour l'exhausser,
Savoir ma plus intime et profonde pensée,
Je lui crierai : Mère incomparable et plus claire
Que les roses et les rayons,
Guéris de son remords et de son mal mon frère !
Sois-lui le vêtement de joie et de pardon
Qu'il faut porter sur terre
Pour que les yeux de Dieu
Fixent, sans déplaisir, sur l'humaine misère,
Leur majesté.

DOM BALTHAZAR

Mon doux frère !

DOM MARC

Je ne conçois

Ni l'éternel salut, ni le ciel d'or sans toi ;
Je veux sauver mon âme avec la tienne ;
Je veux mourir pour que tout l'infini
D'ardeur et de bonheur nous appartienne :
Je veux que nos destins soient à tel point unis
Que ta bouche soit la mienne, que ta louange
Soit la mienne, que Jésus-Christ et que ses anges
Nous confondent quand notre amour torrentiel
S'abîmera là-haut, dans les brasiers du ciel…
Frère ! Frère !

Il se jette sur la poitrine de dom Balthazar. – Les cloches sonnent.

DOM BALTHAZAR

Sois sans crainte. Tu m'as rendu
Ma force et désormais je me sens défendu
Par ta clarté de cœur contre l'enfer entier ;
Voici l'heure pour le pardon et la pitié,
Voici la paix et les cloches de délivrance…
Voici venir l'entière confiance
Pour nous guider dans les chemins de Dieu…
Sois sans crainte, mais prie encore. Adieu.

Ils se séparent ; le rideau tombe.

Acte II

La salle capitulaire ; bancs de bois, dallage blanc
et noir avec, au milieu, une natte de joncs. Un
Christ pend au mur. À droite, à sa place habituelle,
dom Balthazar est prosterné, le front caché en
ses mains jointes, Thomas survient et s'approche
lentement. Il lui frappe légèrement sur l'épaule :

THOMAS

Votre âme est inquiète, mon frère. Puis-je à mon tour prier pour elle
et compatir ?

DOM BALTHAZAR *le regardant et hésitant dans sa réponse.*

Toutes les prières comptent devant Dieu.

THOMAS

Vous paraissez souffrir comme rarement on souffre.

DOM BALTHAZAR

Toutes les prières du monde pèsent moins, peut-être, que ne pèse mon
crime.

THOMAS

Votre crime ?

DOM BALTHAZAR

Tout à l'heure, ici même, je le confesserai devant tous.

THOMAS

Est-il donc si grand qu'il jette à terre votre ardeur ?

DOM BALTHAZAR

Mon ardeur ! mon ardeur ! il s'agit bien de mon ardeur…

THOMAS

Votre ardeur ! Oh ! je la sais tenace et violente. Je la sais…

DOM BALTHAZAR

Laissez-moi…

THOMAS

Je sais son travail sourd pour dominer ce cloître.

DOM BALTHAZAR

Laissez-moi, vous dis-je… Ni vous, ni moi, ne serons chefs de cette maison. Il en est de plus dignes…

THOMAS

Dom Militien ?

DOM BALTHAZAR

Laissez-moi,… Laissez-moi,… Laissez-moi,…

THOMAS

Je ne comprends plus ; je ne sais plus que croire.

Un repos. Dom Balthazar ne répond pas. Thomas continuant :

Dom Balthazar, vous étiez, parmi nous,
L'homme depuis longtemps choisi, celui qui vint,
Un jour, armé d'une sorte de droit divin,
Prendre possession de notre obéissance.
Vos paroles étaient hautes et crénelées
De force et d'arrogance,
Et votre volonté, par blocs accumulée,
Malgré la mienne, en imposait à tous !
Notre prieur sentait en vous
Une âme, autant que la sienne, âpre et féodale ;
Il vous rêvait abbé et maître après sa mort.
Si l'humaine existence est creusée en dédale,
Vous vous leviez comme une tour, construite au bord,
D'où l'on peut voir et indiquer au monde
Quelle route est propice à sa marche erra bonde,
Et quel chemin de Dieu traverse ceux du sort.
Aujourd'hui, vous voilà
Pauvre, désemparé et las,
Ruine qui travaille à sa propre ruine.

Votre fierté s'ébranle et se disjoint.
Votre audace tomberait-elle ? et le futil
Et colossal orgueil qui vous domine,
Soudain, dès aujourd'hui, se payerait-il ?

DOM BALTHAZAR

Si cet orgueil se paye, au moins
L'aurai-je ainsi voulu et ordonné moi-même.

THOMAS

Hélas ! que voici bien le cri
Que votre conscience arrache à votre esprit.
Toujours l'orgueil, l'orgueil !… vous-même et votre orgueil.

DOM BALTHAZAR *bouleversé.*

Ce n'est pas vrai ! ce n'est pas vrai ! je mens ! je mens !
C'est par amour, par seul amour que les tourments
Et les remords rachèteront mon âme.
Je ne sais plus ce que je dis, ce que je sens ;
Vos regards me sont traîtres ;
La sourde flamme
Qui sort de vos discours me gagne et me surprend,
Mais Dieu qui m'aime et me comprend
Voit lumineusement
En moi, jusqu'au fond de mon être.
Allez-vous-en ! Allez-vous-en !

THOMAS

Vous ne voulez donc pas de mes prières ?

DOM BALTHAZAR

Ô Saints du ciel, Anges planant près des Calvaires,
Patrons des vieux combats chrétiens, ayez pitié !
Mon repentir n'est point fallace ; il monte entier
Vers les sommets des pardons rédempteurs.
Mon frère est là qui me tente, dans l'ombre,
Sa voix ranime encore les affres sombres
Et les bonds de l'orgueil dans le fond de mon cœur !

Mais vous aurez pitié de lui, Seigneur,
Pitié de lui, autant que de moi-même ;
Je ne repousse pas sa plus simple prière,
Je ne puis pas, je ne veux pas,
Peut-être est-elle utile et salutaire
Plus que d'autres, – mais par ta mort, par ton baptême,
Par ta douleur, pitié, pitié,
Pitié pour nous, Seigneur !

THOMAS

Mes prières vous sont d'autant meilleures
Que, pour les adresser à Dieu, je pleure,
Je lutte et me fais violence ;
Prier pour ceux.
Qui vous sont ennemis vaut mieux
Que s'abîmer dans la plus rouge pénitence.
Je prie et je prierai pour vous.

DOM BALTHAZAR résigné.

Merci.

Un repos.

THOMAS s'éloigne, puis revient.

Vous me disiez tout à l'heure : ni vous, ni moi, nous ne serons chefs de
ce cloître. *Néanmoins, Dom Militien*, de lignée haute, certes, est trop
vieux ; de plus, malade, branlant, voisin de la mort. Idesbald ? une
nature médiocre. Bavon et Théodule ? pauvres clercs s'acharnant sur
des livres, qu'ils ne comprennent pas. Quant à Dom Marc ? un enfant,
un simple…

DOM BALTHAZAR brusquement.

Ne touchez pas à celui-là !
Il ignore nos infamies,
Nos volontés violentes, mais ennemies,
Votre brigue, mon frère, en lutte avec son droit ;
Il vit et croit en Dieu, avant de croire en soi.
Il est choisi, non point par nous, mais par les anges,
Il est un faisceau d'or dressé parmi nos fanges ;

27

Quand il sera le chef de vous, de moi, son cœur
Appellera le ciel, pour que le ciel lui-même
Réinstaure le culte, ici, de la ferveur,
Du sacrifice et de l'humilité suprême.
On lui obéira, car Dieu l'aura voulu,
Car Dieu le veut – et, s'il faut des miracles,
Ils surgiront de ces mêmes obstacles
Dont vous barricadez le chemin du salut.

THOMAS

Vous m'étonnez. Que le prieur me dise :
Il est, pour diriger les cloîtres et l'église,
Des hommes hauts, choisis par Dieu,
Qui détiennent, pour ordonner le mieux,
Une force tenace
Gardée et augmentée au profit de nous tous,
Depuis des siècles, dans leur race,
Je puis comprendre, et tout à coup songer à vous.
Mais à Dom Marc…

DOM BALTHAZAR

Pensez à lui, pensez à lui !

THOMAS *se carrant en face de DOM BALTHAZAR.*

C'est à moi seul et à nul autre que je rêve,
Vous, vous êtes la force en deuil qui se détruit,
Qui se ruine et qui s'efface et qui s'achève,
Je suis celle qui monte et qui le veut crier,
Je suis las d'obéir et de m'humilier.
Cette force triomphe en mon âme nouvelle,
Elle grandit tous ceux qui se réclament d'elle,
Et rejette vos droits anciens et routiniers,
Comme des fruits rongés de vers, hors des paniers.
Vous ignorez quel cœur s'attise en moi, vous autres !
Quelle est ma mission d'éclaireur et d'apôtre,
Moines d'orgueil, moines de faste et de blason,
Le Christ devant vous tous me donnerait raison ;

Il vous dirait : Vous croupissez dans un silence
Pieux et lourd, derrière un mur de somnolence ;
Vous végétez ! On sonne au loin le branle-bas
Contre ma croix, dont autrefois les larges bras
Tenaient, pour le serrer contre mon cœur, le monde ;
Vous vous rapetissez, votre esprit s'inféconde ;
Le vent de Dieu ne souffle plus dans vos manteaux ;
Vous parez mon autel de fleurs, mais les bedeaux
Sont là pour l'adonner et allumer les cierges ;
Vous étouffez d'immense ardeur, la vigueur vierge,
La langue en feu qui descendit, sur mes fervents,
À Pentecôte. Hommes inutiles, souvent,
Quand je vous vois priant et gémissant ensemble,
Monotones et lents et endormis, il semble
Que je devrais vous châtier…

DOM BALTHAZAR *violent.*

                              Vous blasphémez,
Le Christ a dit lui-même à ses fervents aimés,
Qu'il est présent, surtout, lorsque ensemble ils le prient.

THOMAS

Il est l'esprit, la voix, le geste et la furie
De ses propagateurs savants et lumineux !

DOM. BALTHAZAR

Nous le servons autant que vous, moine ! Les feux
Divins qui nous brûlent ont même violence ;
Mais nous, c'est dans la paix pieuse et le silence
Que nous l'aimons. Le monde où vous rêvez d'aller
Crier sa gloire est sourd, aveugle et tavelé
De pourriture et de luxure.
Il joue et se distrait avec de l'or encore,
Comme un vieillard couché sur un lit d'agonie ;
Son seul calcul, son seul génie
Se plaît à des jouets subtils et criminels.
Mais qu'importe cela, devant la vérité du Ciel,

Devant mon Dieu, devant le vôtre ?
Vous me parliez des saints et des apôtres.
S'ils revenaient, ceux-là, si, tout à coup, sortait,
De leur tombeau, l'orage de leurs âmes,
On les verrait prendre en leurs mains toutes les flammes
Pour en brûler la vie – et retourner là-haut !
J'ai conscience autant que vous de ce qu'il faut
À ce siècle sacrilège et funeste,
Mais je n'irai jamais discuter avec lui,
Mais je n'irai jamais me salir à sa peste.
Vous le faites, j'ose le croire, avec ennui,
Garant votre splendeur et votre âme chrétienne,
Mais, fierté pour fierté, je préfère la mienne.

THOMAS

Toujours l'orgueil !

DOM BALTHAZAR autoritaire.

Oh ! celui-là,

Je le maintiens debout et je n'en rougis pas !
Je suis un violent qui lutte avec son crime,
Sans rien abandonner de sa grandeur à soi.
Ce crime unique absous, je ressaisis mes droits ;
J'étouffe en vous l'esprit mauvais qui vous anime ;
Je prépare la voie à Marc, je le soutiens
De tout l'effort vainqueur de ces deux bras chrétiens.
Le cloître entier sait bien de quelle âme je brûle,
Quelle foi rude et ferme en mon torse s'accule,
Pour résister et s'opposer à vos folies ;
Le vin doit rester pur dans le ciboire,
Et votre ardeur de doute ou de savoir,
Goutte après goutte, y versera la lie
Et le poison qui tueront l'avenir.

THOMAS très froidement.

Soit par orgueil ou bien par repentir,
Il n'importe comment, vous vous perdrez, mon frère…

30

Le prieur paraît tout à coup au chapitre. Silence des deux moines.
Leur gêne. Après un instant, dom Balthazar s'avance vers lui.

DOM BALTHAZAR

Excusez-moi d'avoir rompu violemment
Ma retraite d'esprit, mais ce moine dément
S'en est venu pour me distraire
Et me tenter le cœur, avec des mots mauvais.

LE PRIEUR

Il fallait le chasser, s'il vous tentait,
Votre devoir est le recueillement austère
Et absolu. *(À Thomas.)* Laissez cet homme à ses prières.

Le prieur fait un geste. Thomas s'éloigne.

LE PRIEUR

À cette heure, nous seuls, nous désirons encore
Que ce cloître, mon fils, reste superbe et fort,
Plus haut que la dispute et la mêlée humaines.
Si ta confession n'est point ferme et hautaine.
Si tu ne rebondis, grâce à elle, d'un coup,
Vers le calme de l'âme et le respect de tous,
Il faut lier ta langue et réprimer ton geste
Et museler en toi les repentirs funestes.
Je viens pour préparer et surveiller l'aveu.

DOM BALTHAZAR

Ô mon père, rien ne sera plus simple à Dieu
Que d'imposer ma force, après ma pénitence.

LE PRIEUR

Certes, il est le maître ; il te doit assistance,
Car, s'il t'abandonnait et si je n'étais là,
Ta piété rude et ton humilité suprême
Tourneraient contre nous et contre Dieu lui-même.
Si des hommes tels que nous deux ne savent pas,
Par l'héroïsme saint et la chrétienne audace
De leur âme, garder et défendre la place

31

Que le ciel tour à tour leur assigne et leur doit,
C'en est fini de la vertu mâle et profonde,
C'en est fini du joug, c'en est fini du droit
Et de la main qui rive à la règle, le monde.
Ton exemple est téméraire, mais souverain.
Il faut qu'il soit pour tous comme une ample lumière,
Comme un exploit sacré qui te gagne tes frères
Et les range sous toi et ton pouvoir, demain.
Et puis il faut surtout que ceux-là qui intriguent
Sachent, à l'heure même où s'affirment leurs brigues,
Ce qui sépare d'eux des hommes comme nous
Qui commandent encore quand ils plient les genoux.

La cloche sonne. On entend des pas qui se rapprochent.
Les moines entrent au chapitre, prenant chacun sa place.
Le prieur monte en chaire.

LE PRIEUR

Ce cloître a délaissé les pratiques anciennes. Un moine, un de vos frères, me les a rappelées. Depuis que les confessions publiques sont abolies, la vigueur morale de notre ordre est atteinte. Il y a dix ans, sous Dom Gervais, mon maître et mon prédécesseur, elles florissaient encore. Je les rétablis aujourd'hui.

Vous allez entendre la confession d'un parricide…

THOMAS *se levant tout à coup.*

D'un parricide ?

LE PRIEUR *continuant froidement.*

… D'un parricide dès longtemps pardonné. Devant le monde, un aussi large et gratuit aveu serait impossible. Mais vous êtes des moines, vous comprendrez la beauté et l'héroïsme de l'aveu, vous exalterez ce que des âmes moins hautes que les vôtres ne saisiraient même pas. *(À dom Balthazar.)* Confessez-vous, mon frère.

DOM BALTHAZAR *se lève et s'agenouille*
sur la natte de paille, au milieu du chapitre.

Je vous demande pardon, à tous, d'avance, car mon crime est ancien et j'ai vécu indemne en ce cloître, pendant des jours et des années…

Mon père est mort, je l'ai assassiné,
La tête folle et sauvage de vin
Pris tout à coup, comme un levain
Le soir, au fond d'une taverne.
Notre maison dormait. Une lumière terne
Dissipait l'ombre, à peine, autour du lit.
Mon père était encore, quoique affaibli,
Un vieillard rude et fort. Je vis sa gorge à nu
Où les veines saillaient. Son front chenu
Vivait d'un éclat pâle, et sa fierté
Sans défense le défendait : je m'arrêtai…
– Ah ! si, dans ce moment, j'avais pu voir,
En un éclair, les yeux fixes du désespoir
Darder ; si cette croix

                                        Il désigne celle du mur.

                              Où s'épuisent nos bouches
Avait gardé mon père et défendu sa couche,
Si l'un de vous, celui qui m'est doux et ami,
Avait, dès ce temps-là, compté parmi
Ceux dont les cœurs me sont prière et flamme,
Jamais le mal n'aurait ensanglanté mon âme,
Jamais je n'aurais vu la mort inévitable…

LE PRIEUR

Il faut vous confesser plus calmement, mon fils.

DOM BALTHAZAR

À cet instant gonflé d'avenir redoutable,
Mon père ouvrit les yeux et tout à coup surgit,
Muet et soupçonneux, devant ma haine ;
Ma gorge était brûlante et mon haleine
Semblait morte. Mon père avait saisi mon bras
Et le serrait, mais sans crier, ne voulant pas
Qu'on sût jamais, en quel orage,
Un nom tel que le nôtre avait sombré. Ma rage
Se ralluma, rien qu'à sentir des doigts brutaux
Et secs serrer ma chair en leur étau.

Une colère fauve
M'emplit ; je repoussai, jusqu'à l'alcôve,
Mon père, et le couteau brilla devant ses yeux…
Il paraissait, lui seul, être tous mes aïeux
Si grande était sa taille et si dure sa force.
Mes doigts cherchaient le chemin de son torse,
Mais s'égaraient. Il évitait mes coups ;
Ses poings nerveux me saisissaient au cou
Et ses ongles marquaient en moi leur rouge empreinte.
Je n'eus le temps que de l'abattre en une étreinte
Suprême. Alors encore, une dernière fois,
D'un grand sursaut, il s'échappa de dessous moi :
Et nous étions debout, tous les deux, face à face,
Avec notre fureur tenace
Et notre orgueil crispé
Quand, d'un seul coup terrible et droit, je le frappai.
Voilà, dans l'âpre horreur de sa toute bassesse,
Mon crime immonde et fou. Je le confesse
Tel qu'il s'est déroulé, un soir, voici dix ans.

LE PRIEUR se levant.

Bien qu'il soit plein d'opprobre et ruisselant de sang,
Notre maison entre ses murs l'étouffe.
L'herbe mauvaise est détruite par touffes
Et se brûle dans l'or en feu du repentir.
Nous allons vous juger. Votre deuil va finir,
Mon fils, – répondez donc aux questions posées.

Silence.

UN MOINE à DOM BALTHAZAR.

Votre haine sanglante était-elle sans cause ?

DOM BALTHAZAR

Mon père était sévère et j'étais fou. Il se dressait comme un obstacle :
mes vices convoitaient ses biens.

UN AUTRE MOINE

Vous êtes-vous complu dans le désir de votre crime ?

34

DOM BALTHAZAR

Assez longtemps pour que je m'en accuse.

LE PRIEUR *intervenant.*

Le meurtre fut soudain et violent. Vous n'avez pu vous y complaire, ni longuement le préparer. Vous outrez votre faute.

DOM BALTHAZAR

J'ai honte de moi jusqu'au-delà de mon péché.

UN MOINE

Si notre esprit vous condamne, notre cœur vous rehausse. Votre exemple est magnifiquement chrétien.

IDESBALD *se levant.*

Magnifiquement chrétien ? Il suffit donc d'assassiner pour rayonner ?

THÉODULE

L'esprit se perd au fond de tant d'abîmes
De misères et de perplexités !

DOM MILITIEN

Le crime

Est une épreuve et un combat, quand Dieu
Le transfigure avec l'éclair des cieux,
Qui frappe et qui suscite en un saint Paul, l'apôtre.
Vous oubliez les miracles d'en haut, vous autres !
Vous abdiquez, au nom des sagesses du jour,
Ce qui fut la splendeur et la force, toujours,
Des vieux cloîtres remplis de chrétienne folie.
Les demeures du Christ sont des anomalies
Ici-bas, si l'héroïsme n'y est prêché
Comme règle de la vertu et du péché.
Dom Balthazar s'est repenti : depuis cette heure,
Il est encore plus haut. Si sa faute est majeure,
Tant mieux ; il revient de plus loin, il est plus fort ;
Aucun de nous n'aurait ainsi vaincu la mort
Ni surmonté tant de périls sur son passage ;
L'exploit sacré met sa lueur sur son visage ;

DOM MILITIEN

L'aveu de Balthazar est simple, il est sublime,
Et si jadis, quand les âmes hantaient les cimes,
Un moine avait autant que lui supplié Dieu,
Tous ses frères auraient sanctifié leurs yeux
À voir les feux de son péché, comme des roses
Teintes de sang, monter vers les apothéoses.

IDESBALD

Voyons le mal d'abord, l'apothéose après.

DOM MILITIEN

Vraiment, à vous entendre, on songe à quels regrets
Vous induit le devoir d'être à tous secourable,
Le ton de votre voix s'affirme inexorable
Et Dieu paraît absent de votre cœur, ce soir ;
Vous vous montrez hostile et dur, haineux et noir,
Vous hésitez, hélas ! à pardonner la faute
Dont votre frère est las. Vous renvoyez cet hôte
Qui frappe au seuil de votre âme, la nuit.

IDESBALD *désignant dom Balthazar.*

Ce n'est pas moi qu'il faut juger. C'est lui.
Le ciel choisit sa faute et nous la montre à tous
Comme une marque qui prédestine.

IDESBALD

                                                    C'est fou !

C'est fou ! Jamais le mal n'enfla pareille audace.
Dom Balthazar n'est plus qu'un criminel. Sa face
Est sauvage de sang et nous le renions.

UN MOINE

C'est un lépreux qui nous touche.

UN AUTRE

                                                Notre union

Devant un même autel n'est plus possible.

36

UN AUTRE

Dom Balthazar a pris la mort pour cible :
Ses yeux en sont souillés.

UN AUTRE

                                   Faut-il avoir pitié,
Lorsque l'orgueil est de moitié
Dans un aveu ?

THÉODULE *songeur.*

                              Le Christ en sa balance
Laissera choir ce crime, avec terreur.

LE PRIEUR *debout.*

Silence !
Vous n'examinez plus une conscience ; vous vous acharnez sur un homme. Cette confession, que je voulais digne et profitable, aboutit aux disputes et à la haine. Dom Balthazar par sa patience et sa résignation a mérité plus que son pardon. Je veux qu'on examine uniquement sa faute. Cela seul, et rien de plus.

THOMAS

Votre crime, mon frère, a-t-il été connu ?

LE PRIEUR

Nous ne jugeons que le péché. Le crime relève de la justice humaine.

THOMAS *très calme.*

Votre péché a-t-il été connu, mon frère ?

DOM BALTHAZAR

J'échappai aux recherches. Un vagabond fut puni à ma place. J'eus la honte d'assister à son supplice, sans rien proclamer.

LE PRIEUR

Que les juges se trompent, il n'importe. Notre justice n'est point la leur.

IDESBALD

Pourtant, il faut examiner la faute en toute son étendue.

LE PRIEUR
Le châtiment la suit, il n'en fait point partie.

IDESBALD
Alors, que reste-t-il à expier ?

LE PRIEUR
C'est moi qui le décide.

IDESBALD
Mais alors, pourquoi nous convoquer, nous ?

LE PRIEUR
Pour vous illuminer, avec un grand exemple,
Pour vous montrer ce qu'est vraiment une âme, où vit
Et souffre et triomphe le Christ,
Comme en son temple.

DOM MARC *exalté.*
Il faut prier… rien que prier… toujours prier…

DOM MILITIEN
Comme il le fit jadis, le Christ peut délier
Les rets les plus serrés où se débat une âme,
Et l'exalter vers lui, comme un bouquet de flammes.
Notre frère fut un martyr…

IDESBALD
                                                    Un assassin !
Vous dis-je ; un assassin et rien qu'un assassin !

UN MOINE *s'adressant au PRIEUR.*
Il en est parmi nous dont le vague dessein
Est de grandir Dom Balthazar grâce à son crime ;
Notre prieur lui-même est leur victime…

LE PRIEUR *tout à coup debout.*
Taisez-vous tous. Je suis le maître, seul !
Jusqu'au jour où mon corps serré dans mon linceul
Ira se reposer sous cette croix
                                        Il désigne la croix du mur.

38

Que j'ai choisie et pour guidé et pour arme,
Vous admettrez pour vrai ce que vous dit ma voix.

On se tait.

J'atteste ici que, par son cœur, que, par ses larmes,
Dom Balthazar
A désormais conquis sa part
De céleste bonheur et de sûre existence,
Là-haut ; que seul, par un surcroît de pénitence,
Il s'est humilié, devant vous tous ; le Christ.
N'exigeait plus de lui ce suprême martyre.
On, nul de vous ne s'est levé pour dire,
Avec la joie au cœur d'être par tous compris :
« Nous ne sommes que des Chrétiens bien tristes
Lorsque nous comparons nos âmes rigoristes
Et tranquilles, à cette âme folle de Ciel. »
J'atteste aussi que votre cœur est lourd de fiel,
Que je découvre en vous la louche inquiétude,
Qu'elle fut basse et coupable, votre attitude ;
Que mon oreille encore subtile a entendu
Vos murmures vouloir troubler la confiance,
Le solide crédit, l'entière obéissance
Et l'absolu respect, qui me sont dus.

Silence total.

Vous croyez donc miner, par la révolte habile,
L'assise en pierre et fer de ma force immobile
Et détourner le sens de ce qui fut écrit ?
Dites ?

Il regarde autour de lui – Silence : nul ne bouge.

Moi je vous jure, ici, par Jésus-Christ !
Que le pouvoir entre mes mains restera ferme
Et droit, qu'il vous surplombera, jusques au terme
Où buteront mes pas lassés et vieux,
Afin que tel, après ma mort, on le retrouve…

THOMAS
Je veux que vous sachiez qu'ici je vous approuve.

LE PRIEUR

Je n'en ai cure, il me suffit que ce soit Dieu !…

Un long repos ; le prieur se calme peu à peu et continue.

Et maintenant dispersez-vous. Vous n'avez plus assez de calme ni de charité claire, pour comprendre et juger votre frère.

Se tournant vers dom Balthazar.

Dom Balthazar, l'usage de ce cloître exige que moi, qui présidai cette assemblée, où tant de vertu haute aurait dû s'épanouir, je vous inflige à vous la pénitence. Vous dormirez sur la dure, un mois durant. Vous direz les psaumes à minuit. Vous vivrez éloigné de l'autel pendant trois jours et n'assisterez au sacrifice saint que du haut de la tribune du chœur, derrière la grille. Accomplissez ces ordres et demeurez en paix.

Acte III

Décor du 1er acte : jardin du couvent

LE PRIEUR

Toute la nuit, j'y ai songé. Dire qu'une aussi âpre querelle, moi présent, a divisé l'assemblée, que la confession de Dom Balthazar n'a point porté, que nos moines…

DOM MILITIEN

Oh ! vous les avez superbement mâtés…

LE PRIEUR

J'eusse préféré mourir sur place, dans ma chaire, plutôt que de leur abandonner Balthazar. Ils étaient tous rués contre lui, contre moi… Et Balthazar ne bougeait point, ne se défendait point… Toute sa force paraissait morte, tout son orgueil vaincu.

DOM MILITIEN

Le remords entame les énergies les plus belles.

LE PRIEUR

Comme Idelsbald nous résistait ! Comme son mauvais esprit gagnait nos moines ! Comme tous étalaient leur audace et leur impatience, au grand jour. Il me semblait que ce cloître m'échappait, que mon autorité fléchissait comme une branche ployée et emportée par la rafale…

DOM MILITIEN

Jamais vous ne leur avez parlé sur un tel ton.

LE PRIEUR

Et eux, sur quel ton me bravaient-ils ? Avez-vous pesé leurs réponses, leurs allusions, leurs défis ? Tout ce qu'ils disaient supposait une entente, une conscience soudaine de leur force. Ce qui m'inquiète, c'est qu'ils aient osé non seulement parler, mais penser ainsi, en face de nous, en face de moi. Il faut qu'en ce cloître quelque chose de profond se soit transformé sans que je l'aie su, sans que je le sache.

41

DOM MILITIEN

Quand on est vieux comme nous, on n'a plus d'yeux pour voir tout ce qui change.

LE PRIEUR *saisissant dom Militien par le bras et le regardant vivement dans les yeux.*

Dire qu'il y a trente ans tout était ordre et soumission ! Quand je fus élu prieur, vous seul me disputiez la place et quand je fus nommé, vous, le premier, vous vous rangiez sous moi. Peut-être n'aurais-je point eu votre sagesse si le sort m'eût été contraire. Et de quel bon conseil vous me fûtes toujours ! Dites-moi, croyez-vous vraiment que Balthazar me succédera ?

DOM MILITIEN

Idesbald autant que Thomas brigue votre place. Du jour où Balthazar sera perdu, ils se sépareront et se feront la guerre. Jusqu'à cette heure, ils sont restés unis : c'est bon signe.

LE PRIEUR

Hélas ! je ne peux plus te croire
Depuis que j'ai douté de ma toute puissance,
L'airain de mon autorité s'est assourdi ;
Il ne résonne plus, sous son battant hardi,
Dans le silence et la ferveur des consciences.
Mes bras sont las, j'ai soixante-dix ans ce soir ;
Je ne puis qu'en tremblant soulever l'ostensoir
Sur la foule. La mort rôde dans ma poitrine ;
Je suis un mur qui tombe et meurt, une ruine
Dont la tour veut, quand même, encore, rester debout ;
J'aurai été, dans ces âges mornes et mous,
Le dernier grand prieur de force autoritaire.
Moi sous terre, Dieu sait en quels fangeux remous
S'engloutira ce monastère !

(Un silence.)

Je ne vois plus personne, sinon toi, toi seul, Dom Militien, qui me puisses succéder.

DOM MILITIEN

Moi ! mais ne suis-je point vaincu moi-même, si vous l'êtes ? Ne suis-je point las, malade, inutile, à deux doigts de ma tombe ? Peut-on savoir qui de nous deux enterrera l'autre ? Nous avons achevé notre œuvre d'accord avec celle de Dieu, et tous les deux, nous partirons en paix. *(Un silence.)* Au reste, quand Balthazar aura vaincu sa propre crise, il triomphera de l'autre.

LE PRIEUR

Oh ! de celle-là je m'en charge. Je me sens fort encore pour ce devoir dernier. Mais si, lui, si de ses propres mains, il allait se perdre ; s'il annulait l'énergie qu'il tient de sa race, comme une réserve magnifique. Il survient une heure, où les forces les plus sûres travaillent quand même à leur ruine. Et alors, plus rien à faire, c'est tout à fait la fin.

DOM MILITIEN

Il vous reste Dom Marc.

LE PRIEUR

Celui-là ! jamais. Ses mains ne peuvent que prier…

Des sons de cloche se font entendre.

DOM MILITIEN

Voici les matines du dimanche terminées. – Nos moines arrivent.

LE PRIEUR

Allez. – C'est vous qui chanterez la grand-messe. J'y prêcherai.

Ils disparaissent.
Les moines arrivent. Les uns se promènent sous les tonnelles,
d'autres se rassemblent et causent.

IDESBALD *à Thomas.*

Pourquoi approuvais-tu si nettement le prieur ? Il ne faut jamais donner raison à ses ennemis.

THOMAS

Vous ne comprenez pas.

IDESBALD

Depuis hier, tu me sembles changé. Je ne te reconnais plus.

THOMAS

Encore une fois, vous ne comprenez pas.

IDESBALD

Quoi ? quoi ?... Mais parle donc...

THOMAS *haussant les épaules et ne*
donnant pas suite à l'interrogation d'Idesbald.

Le prieur a raison. L'autorité doit rester intacte et souveraine... Au
reste, les choses se précipitent d'une telle allure qu'il ne s'agit plus de
discuter mon attitude. Tous l'approuvent, même Théodule. Il me l'a dit.

IDESBALD

Théodule ?

THOMAS

Le cynisme du prieur lui a ouvert les yeux.

IDESBALD

Dites, si je dénonçais Don Balthazar : la vindicte publique l'abattrait
mieux que nous tous et nos moines m'en sauraient gré...

THOMAS

Un moine n'est justiciable que des moines. Si Dom Balthazar est
accouru chez nous cacher ses crimes, ce cloître doit les enfouir.

IDESBALD

Il serait si aisé de...

THOMAS

Je vous défends de me tenter... Don Balthazar se perd lui-même. Hier
encore, je songeais aux moyens de l'abattre, aujourd'hui, c'est inutile.
Le remords est une passion de ruine et de néant. Il suffit de lui ouvrir
la voie.

IDESBALD

Vous avez tort. Laissez-moi faire.

THOMAS

Vous laisser faire !... Vous laisser faire ?... *(Se décidant tout à coup).*
Vous allez voir... *(Appelant tous les moines.)* Mes frères... Mes frères...
écoutez tous... Quelqu'un me conseille, ici, d'avertir, hors de ce

cloître, ceux qui puniraient publiquement la faute de Dom Balthazar. Je veux que vous soyez témoins de l'horreur que j'en éprouve.

IDESBALD
Mais…

THOMAS
Je le dis devant tous, devant ceux qui me suivent, et, s'il en reste encore, devant ceux qui me combattent.

THÉODULE
Nous n'avons jamais douté de votre honneur.

THOMAS
J'aime ce cloître comme ma seule maison. Si son esprit est vieux, ses privilèges sont sacrés. Je les garderai mieux que personne ; on est moine avant tout.

IDESBALD
Ce cloître ne peut échapper aux lois.

THOMAS
Vous êtes seul à penser ainsi. Vous élevez entre vous et nous un mur plus infranchissable que celui qu'a dressé Dom Balthazar. Si jamais j'ai subi vos conseils, à cette heure, je les rejette et me sépare de vous.

UN MOINE
Enfin !

UN AUTRE
C'était nécessaire.

THÉODULE
Idesbald était un danger ; il nous éloignait de vous.

THOMAS *à IDESBALD.*
Votre brigue fut basse, votre ambition, sans grandeur. Votre esprit vacillait au-dessus des livres, où le mien s'abat pour mordre et comprendre et s'exalter. Nos frères ont pu craindre votre influence sur

mon cœur. En nous voyant toujours côte à côte, j'avais l'air de les trahir.

THÉODULE *à Thomas.*

Désormais plus rien ne nous sépare.

IDESBALD *désignant Thomas et s'adressant aux moines.*

Vraiment, je crois rêver… Comment, moi,… moi, que sans cesse il poussait en avant, moi…

THOMAS *à Idesbald.*

Oublions-nous l'un l'autre, et suivons désormais nos chemins opposés.

IDESBALD

Ce que vous dites est insensé ; il ne se peut pas qu'en un seul jour, en un instant…

THOMAS

Cela sera, puisque cela doit être.

IDESBALD

Oh ! je vous déteste plus encore que Balthazar !

THOMAS

Et moi, je vous excuse et vous pardonne.

IDESBALD

Je me moque de vos pardons, je reste debout en face de vous, en ce cloître ; je déferai, un jour, l'œuvre d'astuce que vous élevez, et qui monte, à cette heure, triomphale d'entre vos mains ; je renverserai plus tard à mon tour…

UN MOINE *allant vers Idesbald et désignant Thomas.*

Tous, ici, nous approuvons notre frère Thomas.

IDESBALD

Mais vous ne savez quel homme implacable et astucieux, quelle âme…

THOMAS *aux moines.*

Laissez le dire, je n'écoute déjà plus…

Les moines s'éloignent, à la suite de Thomas, laissant Idesbald,
qui s'affaisse sur un banc, vaincu ; – de l'autre côté du jardin

apparaît dom Balthazar. Il va s'agenouiller aux pieds du crucifix.
À peine est-il en prière qu'Idesbald s'avance vers lui.

IDESBALD

Dom Balthazar ?

DOM BALTHAZAR

Quoi ? Vous ?

IDESBALD

Mon frère Balthazar.

DOM BALTHAZAR

Fuyez ! Fuyez !

IDESBALD

Je viens vous dire…

DOM BALTHAZAR

Je ne veux rien entendre… Je ne veux pas que vous approchiez.

IDESBALD

C'est de vous qu'il s'agit, de votre place en ce cloître.

DOM BALTHAZAR

Non ! rien ! rien ! rien ! Allez-vous-en ! Allez-vous-en !…
Il se dresse et chasse Idesbald, qui finit par s'éloigner.

Dom Balthazar s'agenouille de nouveau. À peine est-il en oraison
qu'apparaît dom Marc. Celui-ci vient droit à lui.

DOM MARC *très ému, presque pleurant.*

Mon frère, il faut aller te dénoncer aux juges.
Étonnement de dom Balthazar. Silence. Il semble que, tout à coup,
une lumière se fasse en lui.

DOM MARC *poursuit.*

J'ai presque peur de te le dire,
Car mon âme sanglote et se déchire
Aux clous de ton martyr,
Mais Dieu est au-delà de ton amour !

DOM BALTHAZAR *anxieux, les yeux*
mouillés de pleurs et regardant dom Marc.

Dis !… dis encor…

DOM MARC

                        Que ne t'ai-je connu, ce jour,
Où, dans la haine et la fureur publiques,
Quelqu'un est mort et s'est perdu pour toi !
Ce vagabond, ce famélique
Honni par tous, mais que sauvait la croix
Tendue et qu'absolvait un prêtre,
J'eusse aimé l'être
Pour te donner ma vie et te verser mon sang !
Je serais mort comme un martyr, puisant
Ma force et ma douceur dans ce silence
Qui détournait de toi l'humaine violence,
Et mon âme sereine aurait monté,
Si sûrement vers Dieu et vers ses anges
Qu'elle aurait pu, là-haut, avec tranquillité,
T'associer à ses louanges
Et convier ton cœur, repentant et absous,
Au banquet d'or où Dieu nous doit conduire ensemble.

DOM BALTHAZAR

Ô pauvre enfant ! Oh ! le meilleur de nous !
Ô le plus pur des cœurs qui tremblent
Et rayonnent, dans nos ténèbres !

DOM MARC

Mais l'homme à qui les justices funèbres
Ont arraché la vie avec l'honneur ;
L'homme innocent qui n'a tordu son cœur,
Dans le supplice et le délire,
Que pour atteindre et pour maudire
Celui
Dont vraiment l'arme avait détruit,

En présence de Dieu, une existence ;
Songe, mon frère, avec quelle insistance
Son cri doit retentir pour que tu sois damné.

DOM BALTHAZAR.

Tais-toi… Tais-toi… J'ai deviné…
Ma main assassina deux fois : d'abord mon père ;
Et puis… lui ! Oh ! dans quel puits d'ombre et de misère
Je sombre !
                              Il est donc vrai que mon cerveau
M'est nocturne comme un caveau,
Puisqu'il n'aperçoit pas que l'humaine justice
Exige, autant que Dieu, sa part dans mon supplice.
Étais-je fou ? Et, sans cesse lui, notre prieur
Me repoussait dans l'impasse de mon erreur,
Ne voyant rien que son autorité brisée.
Or, cela seul importe : avoir l'âpre pensée
D'aller fouiller, jusques au bout, le repentir ;
Et je te remercie, enfant, de m'avertir
Que le chemin que je suivais était perfide,
Et d'assigner à mes remords nouveaux pour guides,
Ta fervente innocence et ta naïveté.

DOM MARC

J'ai tant prié, tant sangloté,
Tant invoqué ma mère, Notre Dame,
Pour que mon âme
Ne pût faillir à son devoir total !
Je t'aime ! oh ! d'autant plus que je te fais du mal
Et que j'en pleure et que je dois le faire,
Et que mes os tremblent, à voir le vieux calvaire ;
Immensément, avec toutes ses croix
Et tous ses bras tendus, monter vers ton effroi.

DOM BALTHAZAR

Réjouis-toi, car tu donnes la vie
À mon âme ; ma rage inassouvie

Rôdait autour de moi, ne sachant où planter
Les dents de la douleur et de la cruauté.
Un nouveau champ de pénitence immense
S'ouvre devant mes yeux et mon salut commence,
Pour la première fois, à rayonner là-bas.
Enfin, j'ai redressé vers le salut mon pas !
Je suis régénéré, depuis que ta lumière,
Belle comme les fleurs des aurores premières.
Baigne mon triste front de sa claire ferveur.
Je sens dans ma poitrine, aider l'or de mon cœur.
Ma conscience, au fond de moi, se transfigure.
Je ne redoute rien : les cris, les fouets, l'injure,
Le couperet, le sang, la mort me seront doux.
Je songerai que Jésus-Christ baisa ses clous
Et son gibet ; je songerai que tu écoutes
La voix de ma folie et de ma peine absoutes,
Et que tu prieras Dieu, à l'heure où le bourreau
Garrottera mon corps meurtri, sur l'échafaud.

DOM MARC

Hélas ! mon frère !

DOM BALTHAZAR

Elle sera rouge et chrétienne
Mon agonie ! et si Dieu veut que je maintienne
Debout ma force abrupte où j'ai taillé son nom,
Je montrerai, avec quel calme immense au front,
Même en ce siècle, on meurt encore, quand on est prêtre !
La confiance, après tant d'orages, va naître
Enfin, égale et magnifique en mon esprit.
J'ai hâte de mourir. J'entends déjà le cri
Des confesseurs ; j'entends les voix qui réconfortent
Et les chants des martyrs, là-haut, au seuil des portes
Du ciel – et je leur crie : Ouvrez, je suis celui
Qui s'en revient des pays d'ombre, où, dans la nuit, Rôdent les
    vieux péchés avec leurs yeux en flamme :
Je suis celui qui s'en revient

Des plus lointains confins
De son erreur et de son âme,
Sauvé par un enfant dont la douceur,
L'amour et la prière ont éclairé son cœur,
Si bien qu'il monte, aujourd'hui même,
Par les chemins anciens de son baptême,
Vers vous, anges, héros, martyrs et confesseurs !
Je suis celui qui a vaincu toutes ses haines,
Celui qu'on enchaîna, sous des raisons humaines,
Qui hésitait croyant le droit de son côté,
À expier son crime, en sa totalité.
Ô cieux approfondis en merveilleux abîmes,
Où se brûlent les crimes,
Dans les brasiers des repentirs et des pardons,
Je me jette dans vos foyers, comme un brandon,
J'arrive à vos seuils d'or, vaincu, vainqueur, que sais-je ?
N'ayant pour tout héraut, pour tout cortège,
Que ma douleur et la douleur de cet enfant…

Il désigne dom Marc.

Et c'est assez. L'air de la terre est étouffant,
Le vent y boit du sang et des blasphèmes ;
Je veux ma mort, je veux ma vie, à l'instant même…

DOM MARC

Et moi, mon frère ?

DOM BALTHAZAR

Ô doux ami !

DOM MARC

Il faut d'abord

Faire ta pénitence, il faut que ton effort…

DOM BALTHAZAR

Non ! non ! Christ n'attend pas et ses flammes me brûlent,
Je ne veux pas qu'une règle morne recule

51

L'heure de joie, où je serai libre et sauvé.
Adieu, mon frère. Adieu, le seul dont j'ai trouvé
L'âme d'accord avec la vérité très haute ;
Je vais noyer, dans tout mon sang, toute ma faute,
Et t'attendrai, là-haut, l'âme tendue. – Adieu…

Il s'enfuit.

DOM MARC *tombant à genoux, sur
un banc, la figure cachée en ses mains.*

Oh mon frère, je te confie au cœur de Dieu !

*Les cloches sonnent, les moines entrent à l'église. Dom Balthazar
revient sur ses pas, anxieux ; et tout à coup semble prendre une
décision. Les fidèles arrivent à leur tour par la porte du jardin
entendre la messe publique du dimanche. Il s'engouffre avec eux,
sous le porche.*

Acte IV

Le temple ; à droite l'autel. En face des spectateurs, la tribune barrée où dom Balthazar accomplit sa pénitence. Sous cette tribune, une porte. À gauche, la chaire de vérité.

Dom Militien, à l'autel, termine la messe et chante l'*Ite Missa est* et s'en retourne à la sacristie. Les moines répondent : *Alléluia.*

Le prieur monte en chaire lentement.

Les moines sont réunis près de l'autel sur trois rangs.

Les fidèles sont massés derrière eux depuis le banc de communion jusqu'à la chaire.

LE PRIEUR *faisant le signe de la croix.*

Au nom du Père… et du Fils…
Au moment où les fidèles sortent, un grand bruit se fait entendre dans la tribune, et dom Balthazar apparaît, hagard, derrière les barreaux.

DOM BALTHAZAR *dans la tribune barrée.*

J'ai tué mon père, j'ai tué mon père !
Et l'on m'enferme ici
Comme une bête en une cage
Pour étouffer les cris
Et les remords de mon âme sauvage !

LE PRIEUR

Malheureux !
Dom Marc se jette aux pieds du crucifix : il y reste suppliant, pendant toute la scène.

DOM BALTHAZAR *à la foule.*

Je suis le moine Balthazar,
Mon crime est un orage en flamme

Qui mord et brûle et saccage mon âme.
Je suis ce moine Balthazar
Qui s'acharna avec passion
Contre vos fautes et vos vices,
Alors qu'il dérobait, qu'il nourrissait
Lui-même sa damnation
Et son enfer, sous le cilice.

LE PRIEUR.

Cet homme est fou ! n'écoutez pas !

DOM BALTHAZAR

Mon père était homme de bien.
Il était doux pour toutes mes colères ;
Je l'ai tué comme on achève un chien,
Un soir, que j'étais ivre !

LE PRIEUR

N'écoutez pas ! N'écoutez pas !
Au nom du Dieu vivant, n'écoutez pas !

DOM BALTHAZAR

Un innocent fut condamné
Et tué à ma place ;
Il priait Dieu et criait grâce.
Il embrassait le Christ en croix.
J'étais présent, j'assistai froid,
Et sans bouger, à ce martyre.
Un geste, un mot, un seul à dire,
Et le glaive n'aurait point flamboyé ;
Et je l'ai tu, ce mot, je l'ai broyé
Entre mes dents, je l'ai mangé.

LE PRIEUR *désignant dom Balthazar aux moines.*

Qu'on l'arrache par force, de la tribune.

DOM BALTHAZAR

Moi, Balthazar duc de Rispaire,
J'assassinai, avec ces deux mains sanguinaires ;

Regardez-les, ce sont des mains
Plus féroces que des mâchoires ;
Les juges souverains
N'ont point voulu, dans leur prétoire,
Flairer le sang indélébile
Qui imprégnait ces mains obstinément lavées,
Mais aujourd'hui vous tous qui le savez,
Allez le dire et le crier aux gens des villes,
Allez le proclamer...

LE PRIEUR

Ton repentir est un scandale.

On entend des coups de hache dans du bois.

DOM BALTHAZAR.

Je suis comme un buisson de péchés noirs :
Toutes les épines du sacrilège
Se recourbent sur moi, comme des ongles noirs ;
Le manteau saint qui me protège
Ment sur mes épaules ; j'en suis couvert,
Mais la lèpre pourrit ma chair.
Je suis le loup qui vint flairer et qui vint boire
Horriblement, le sang de Dieu, dans le ciboire.
Je me jette moi-même au ban de l'univers ;
Je veux qu'on me crache à la face ;
Qu'on me coupe ces mains qui ont tué ;
Qu'on m'arrache ce manteau blanc prostitué ;
Qu'on appelle, qu'on ameute la populace.
Je m'offre aux poings qui frapperont
Et aux pierres qui blesseront,
De leur rage, mon front.
Je demande que l'on accable
Ce corps chargé de sa faute implacable
Et qu'on en jette, après mon supplice fervent,
La loque humaine aux quatre vents !

Les moines sont parvenus à enfoncer la porte et saisir dom Balthazar. Ils l'amènent et le jettent à genoux devant le prieur ; aussitôt celui-ci s'adressant à la foule.

55

LE PRIEUR

Sortez tous !

Des moines poussent la foule vers la porte du temple.

Balthazar appartient à la foudre divine.

LE PRIEUR *parlant devant les moines seuls.*

Ô moine Balthazar,
Tu t'es moqué de Jésus-Christ,
Qui veut le repentir dans le silence,
Tu as rompu, avec tes bonds de violence,
La règle sainte et le claustral esprit ;
La vie humble en ton cœur s'est défleurie ;
Tu es aveugle et sourd, ainsi qu'un bloc de fer,
Puisque tu n'as pas vu en quelle ivrognerie
D'âme, tu viens de te traîner vers ton enfer.

DOM BALTHAZAR.

Mon Dieu ! Mon Dieu !

LE PRIEUR

Le sang dont tu couvris ton père
Couvre à présent, de ses taches rouges, nos murs.
Tu es la bête et tu voulus que ton repaire
Fût parmi nous, pour que nos murs fussent impurs !

DOM BALTHAZAR

Mon Dieu ! Mon Dieu ! Mon Dieu !

LE PRIEUR

Écoute :

Je t'avais désigné pour être, à mon départ
Vers Jésus-Christ, là-haut, celui qui, dans la route,
Marcherait après moi et reprendrait ma part
D'efforts et de soucis et de traverses graves.
Dieu m'a désaveuglé et c'est là ma leçon.
Il a brisé devant mes yeux, comme une épave,
Le fier et blanc vaisseau, chargé de cargaisons

56

De myrrhe et d'encens pur, que tu me semblais être.
Les vents de ta fureur ont séché sur ton front
L'huile sainte dont se baignent nos fronts de prêtre.

DOM BALTHAZAR

Mon Dieu !

LE PRIEUR

Tu m'apparais plus nettement damné
Que si l'on te donnait du feu pour sépulture.
Jamais le souvenir de ton crime effréné
Ne calmera ces cris ; jamais prière en flamme
Ne descendra vers ton effroi.
Tu es le dernier mort, tu es la dernière âme
Pour qui, jamais, avec ferveur et foi,
Une messe sera chantée ; et cette crosse

Il menace.

Que tu rêvas de soulever d'un poing viril,
Tiens ! Tiens !

Il l'appuie contre Balthazar.

Ta chair la sentira rude et féroce,
Non comme un sceptre ardent, mais comme un bâton vil.

DOM BALTHAZAR

Frappez ! Frappez ! Frappez, mon Père !

LE PRIEUR *défaillant, il est soutenu par les moines.*

Impie ! impie ! impie !

Il laisse tomber sans le savoir la crosse de ses mains.

UN MOINE *menaçant Balthazar.*

Bourreau du Christ !

UN AUTRE

Voleur de repentir !

UN AUTRE

Braise d'orgueil éteint !

Bandit ! Parricide ! Sacrilège !
Il pousse Balthazar du pied et le fait retomber, la face contre terre.

LE PRIEUR *qui s'est redressé une dernière fois.*

Non ! Non ! Relevez-le et poussez-le dehors,
Vers la honte et l'horreur et la chute et l'abîme !
*Les moines relèvent dom Balthazar et le chassent devant eux
jusqu'à la porte de l'église, qu'ils referment sur lui à grand bruit.*

Et maintenant qu'à tout jamais son sort
Soit séparé du nôtre et que son crime
Tombe sur lui plus lourd que le couteau
Des échafauds.
*Long silence, Thomas ayant ramassé la crosse finit par s'avancer
vers le prieur. À ce moment tous les moines, excepté Idesbald et
don Marc viennent se ranger autour de Thomas.*

THOMAS *regardant fixement le PRIEUR.*

Mon Père ?

LE PRIEUR *après un silence.*

Soit !
Désignant la porte que dom Balthazar vient de franchir.

Puisqu'il abandonna lui-même
Son droit ; puisqu'il faillit à son devoir suprême ;
Puisqu'il n'est plus personne, hélas ! parmi vous tous,
Qui soit de ma hauteur ni de ma force, vous,
Désignant Thomas.

Soyez du moins celui auquel le Ciel accorde
De disputer ce cloître aux temps inexorables
Oui vont venir !
*Thomas rend la crosse au prieur (tout cela semble se faire,
machinalement).*

DOM MARC *resté seul, devant le crucifix.*

Du plus profond de ta miséricorde,
Seigneur, sois secourable

Au frère de mon âme, Balthazar.
Toi seul, tu sais la part
Que s'est faite, pour l'avenir
Et pour le ciel, son repentir ;
Seigneur, assiste-le, à l'heure
Où les hommes lui sont fureur,
Et le monde, supplice et vilenie,
Et ses frères, injure et fange ;
Seigneur, assiste-le, dans sa rouge agonie
Avec tes anges !